W0397390

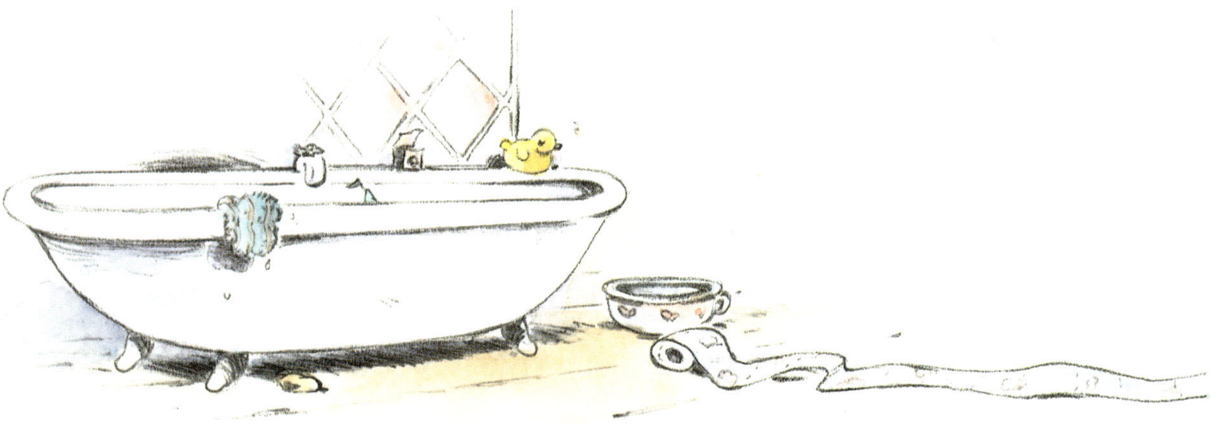

Für Noémie und Quentin

1. Auflage 1991

Originalverlag: Pastel, Paris
Originaltitel: SUR LE PETIT POT...
ISBN 3-551-11683-0
Printed in Belgium

Bobby und Nunu

Eine kleine Nachttopfgeschichte

Claude K. Dubois

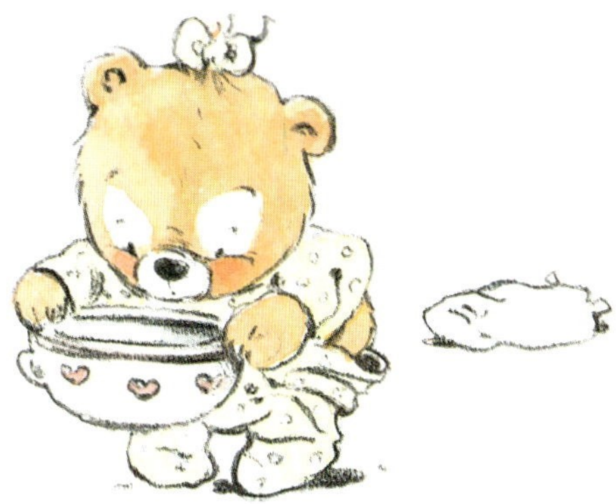

CARLSEN

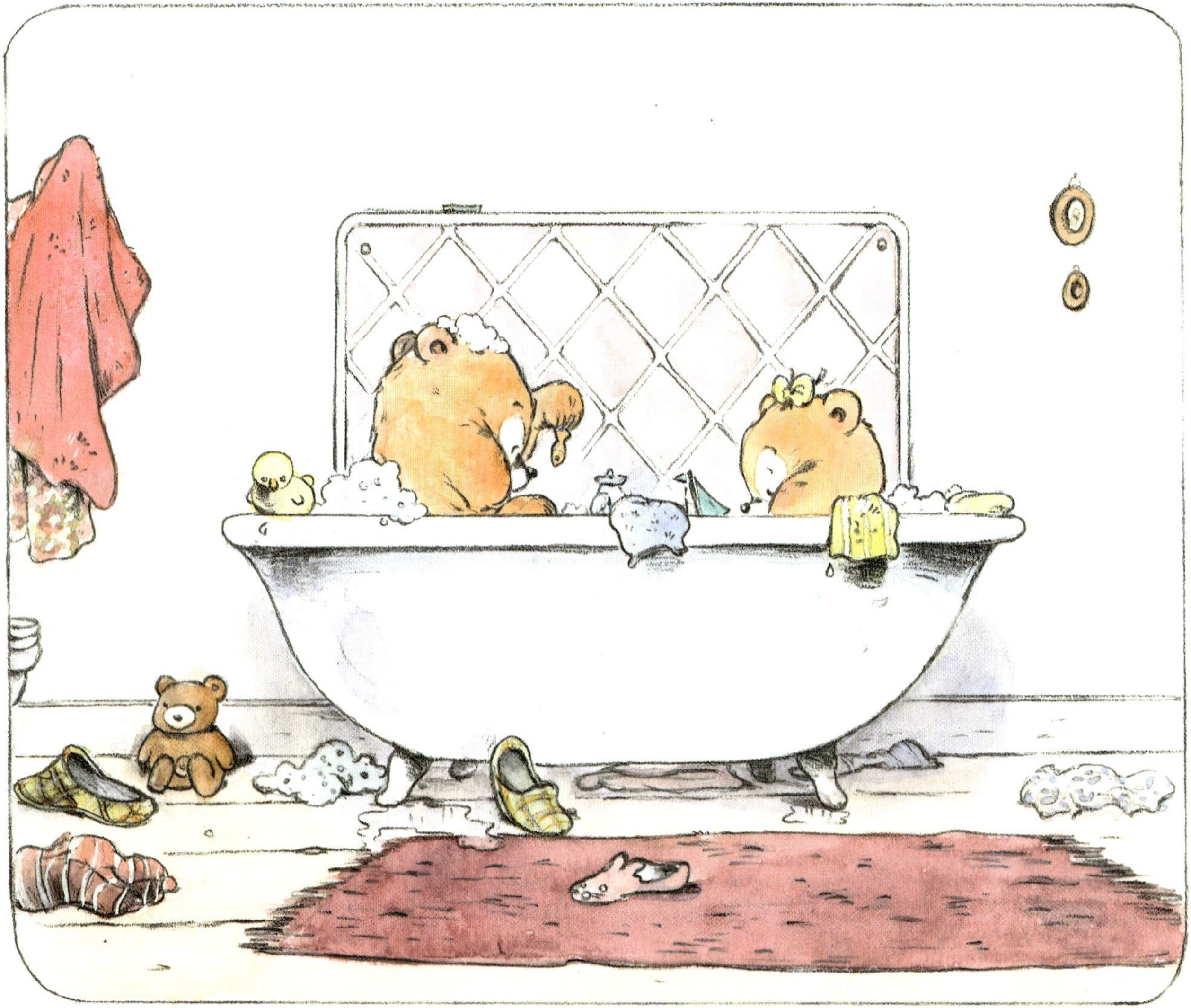

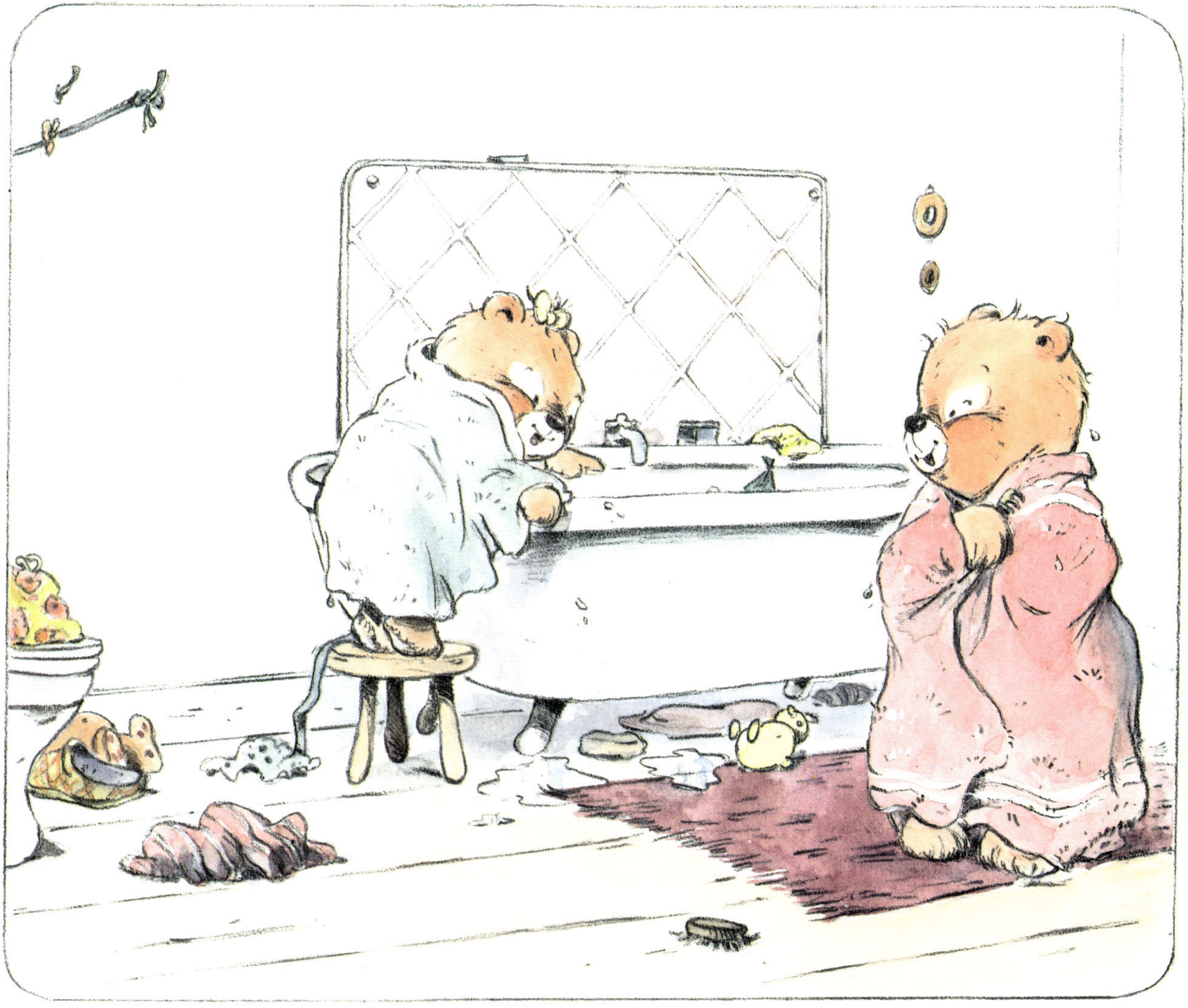

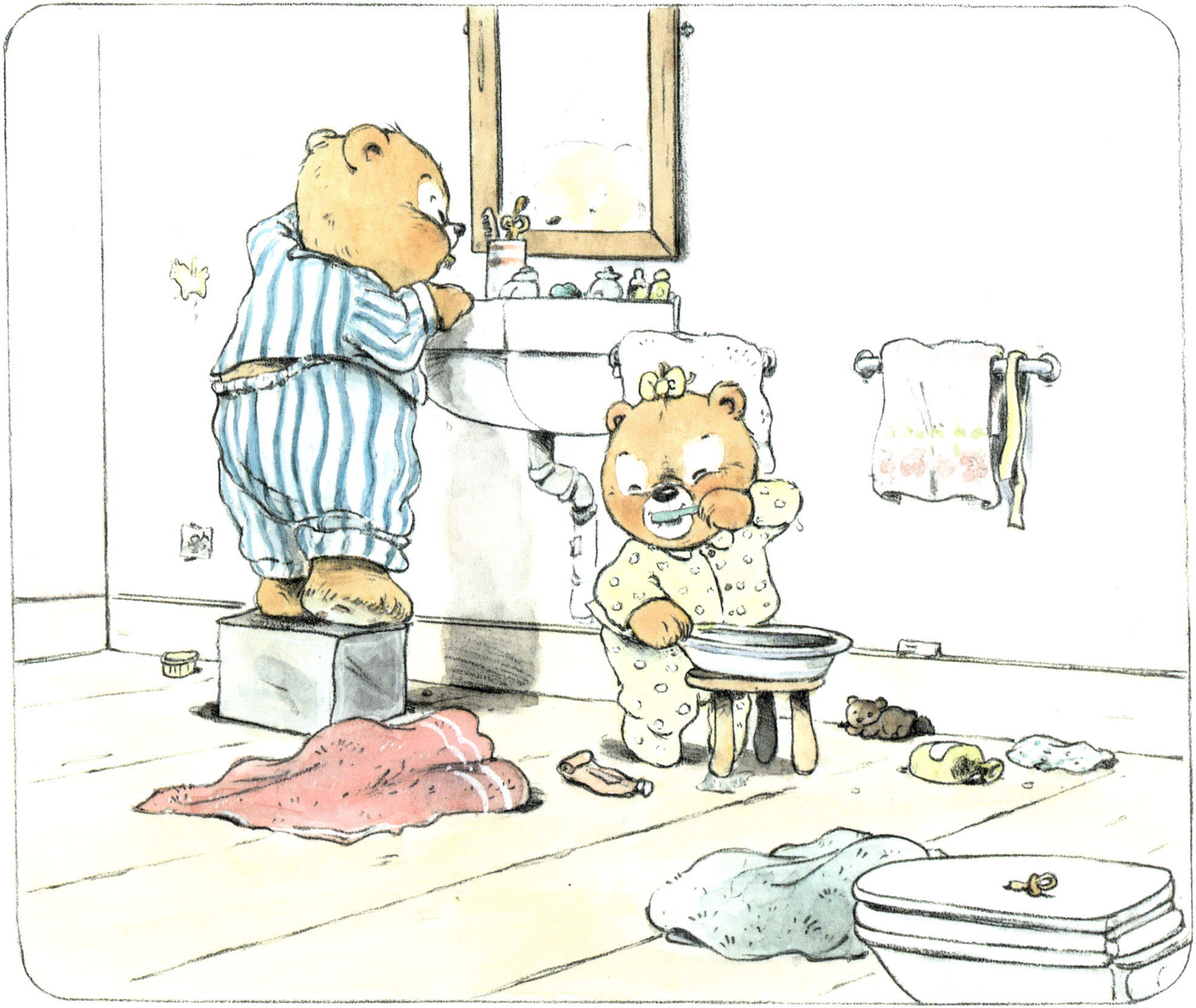

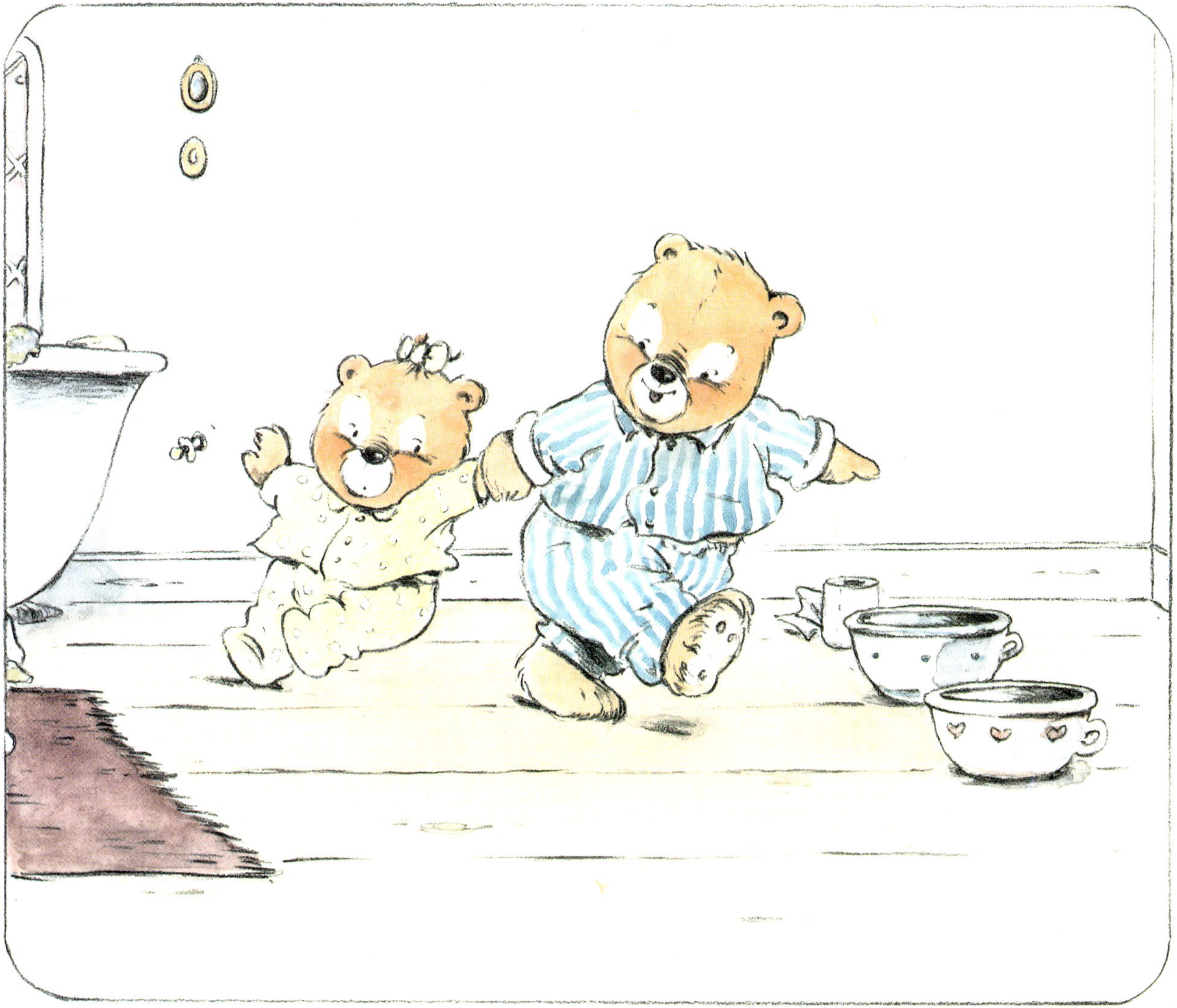

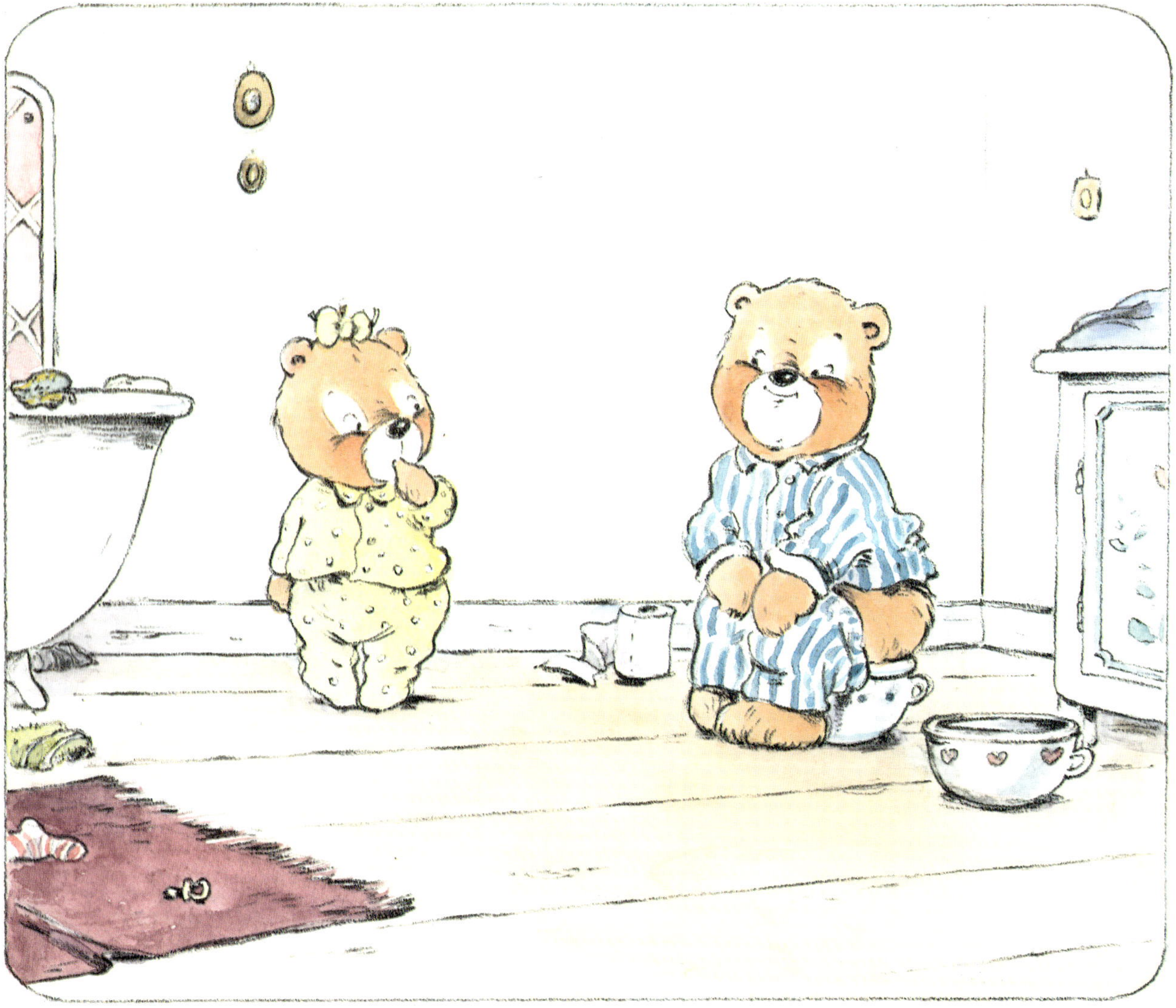

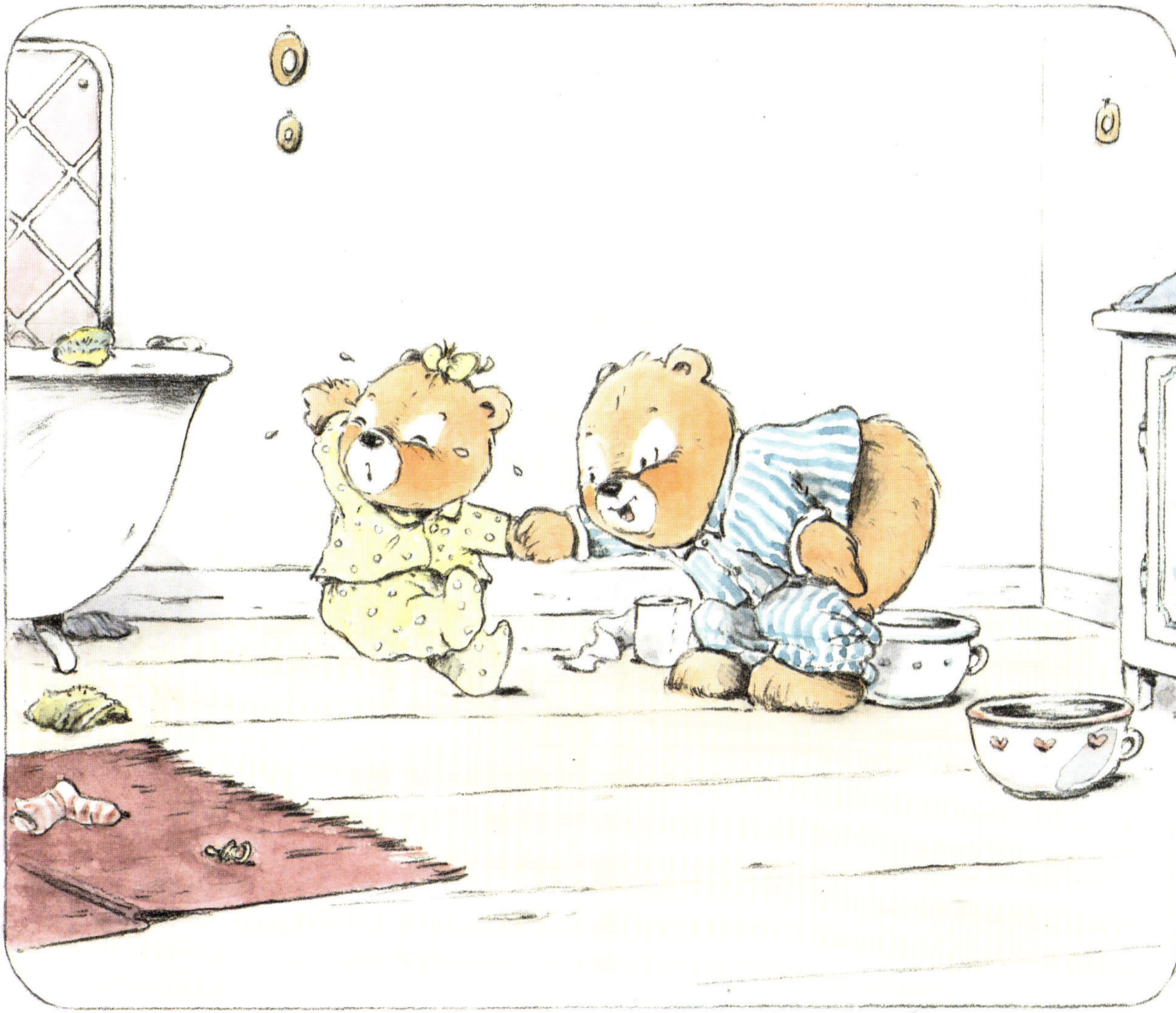

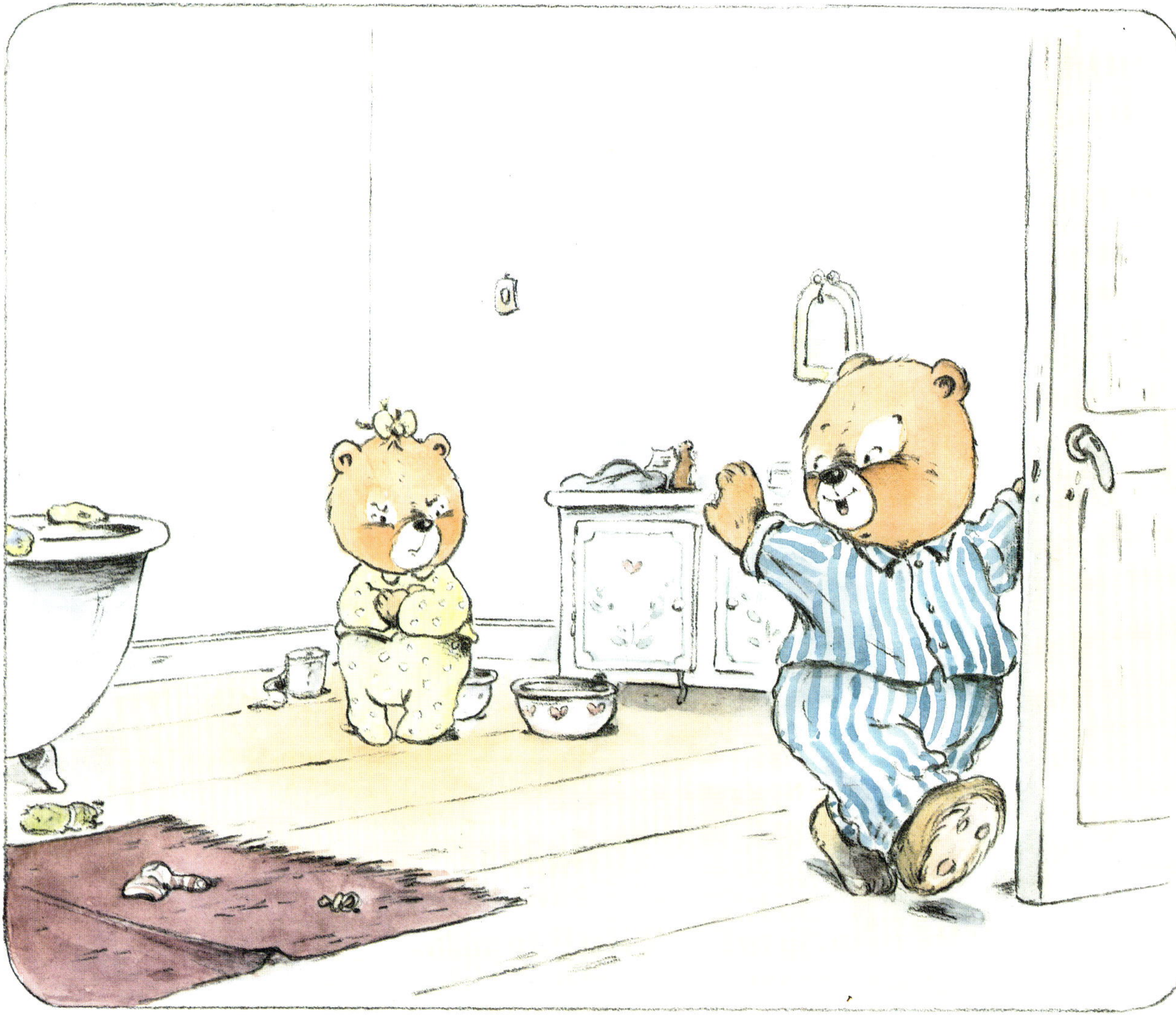

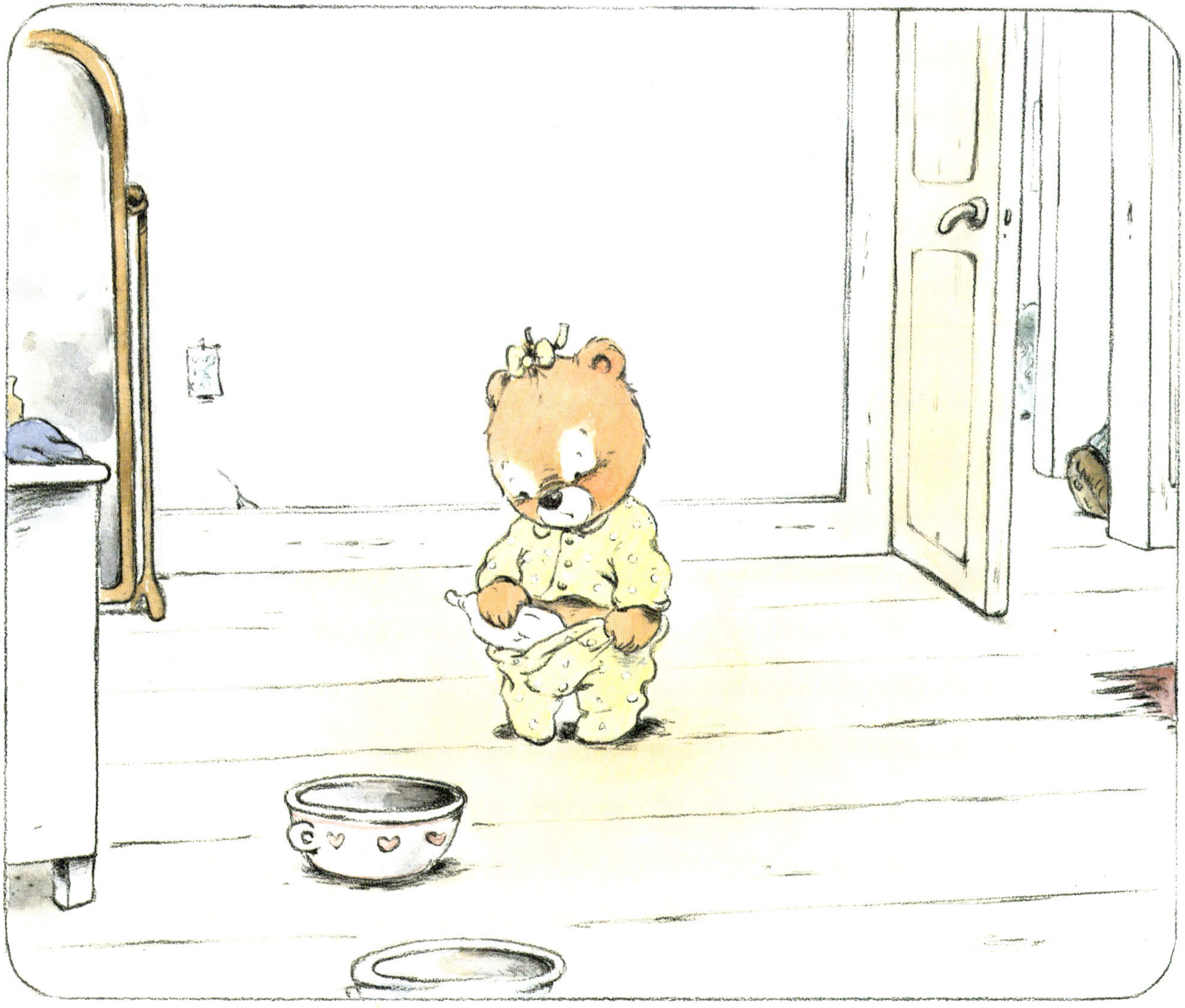

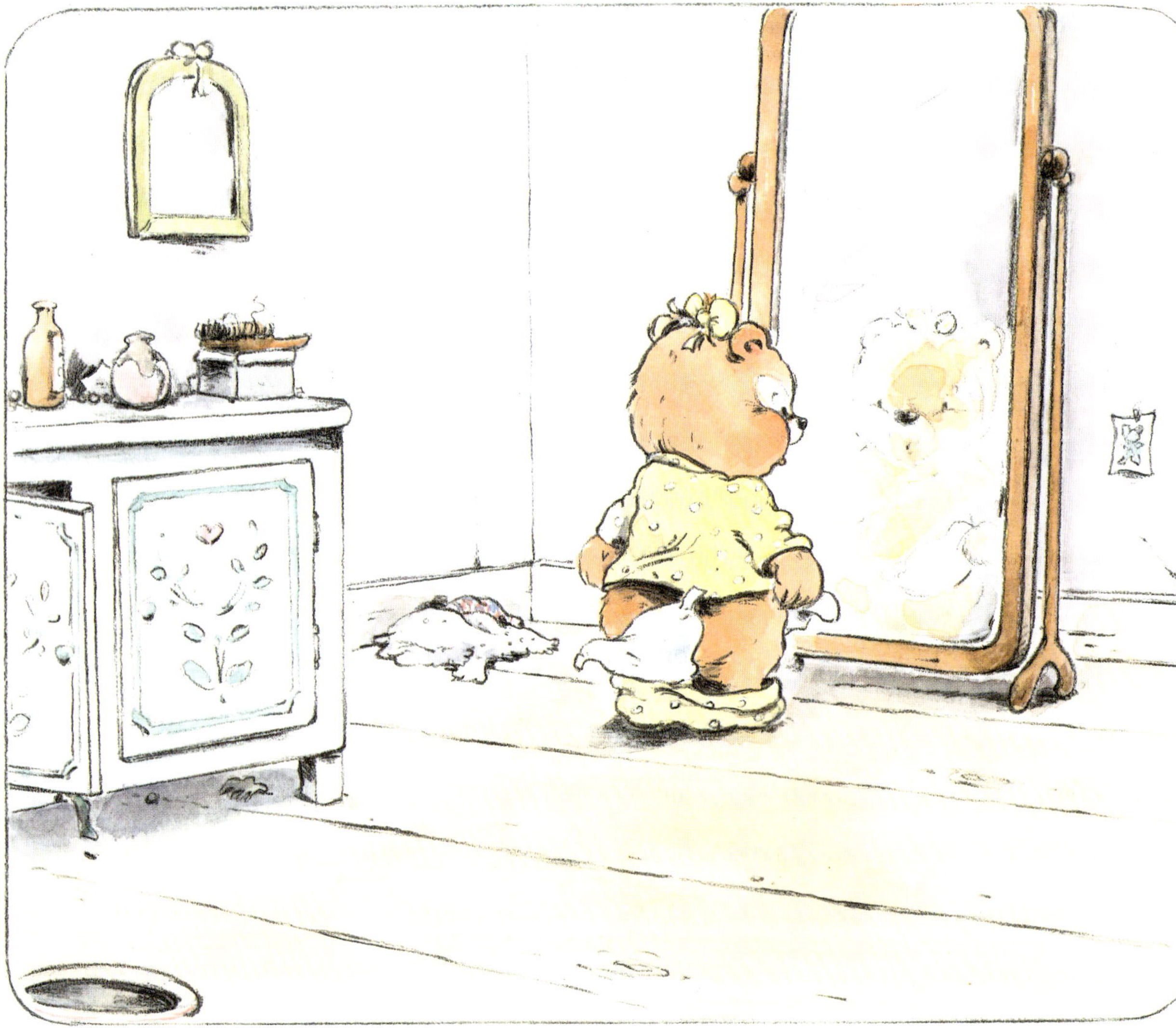

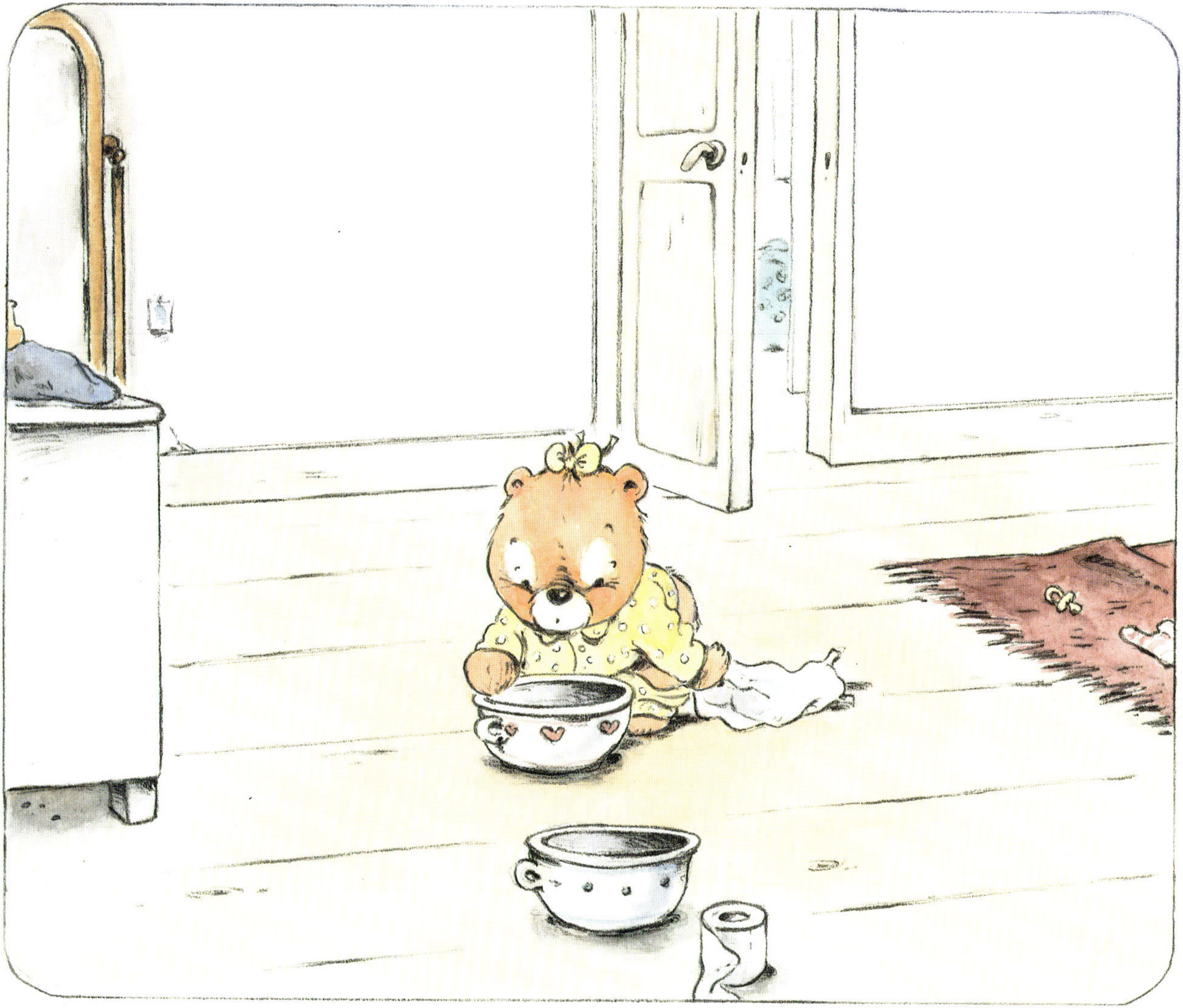

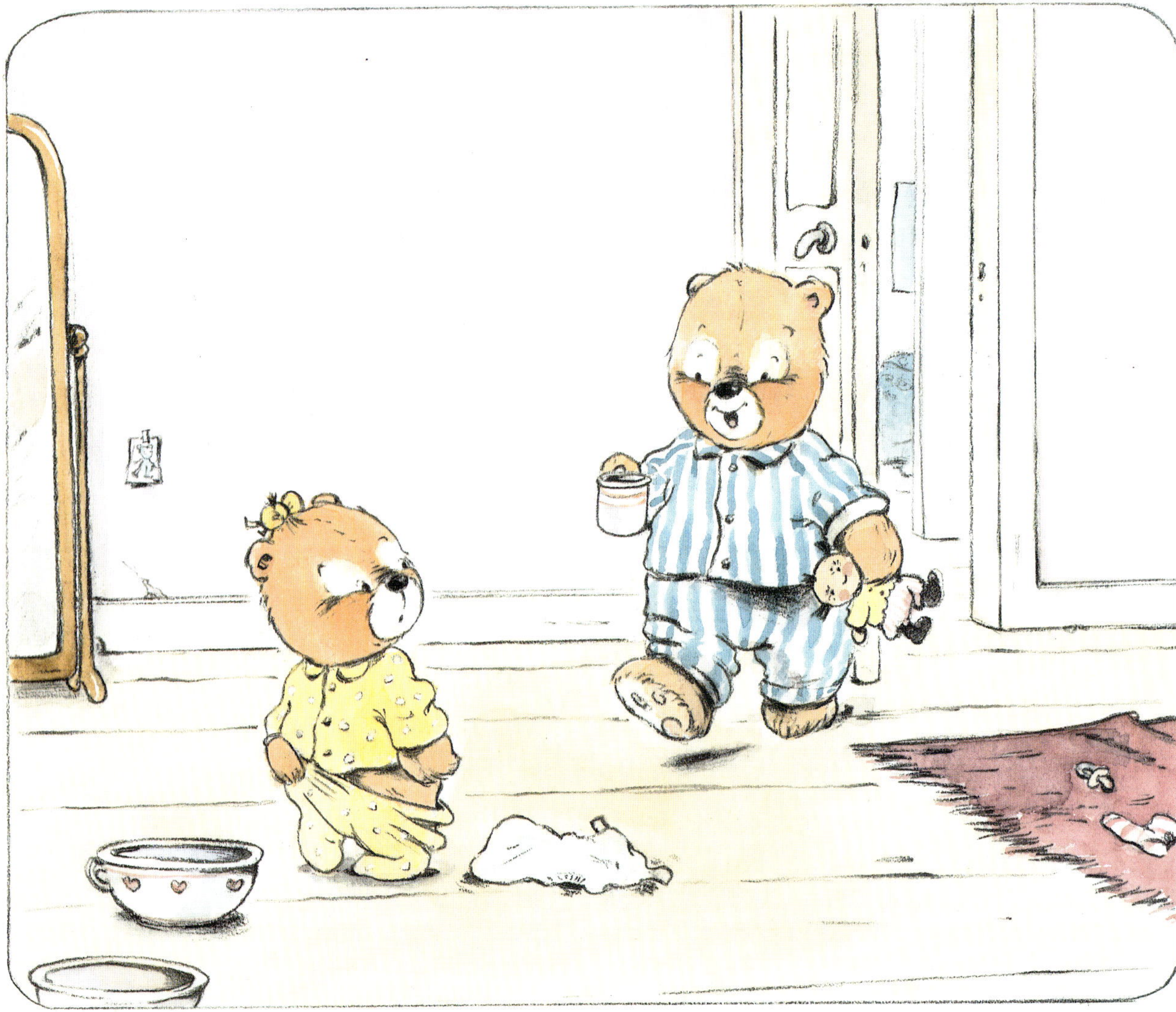

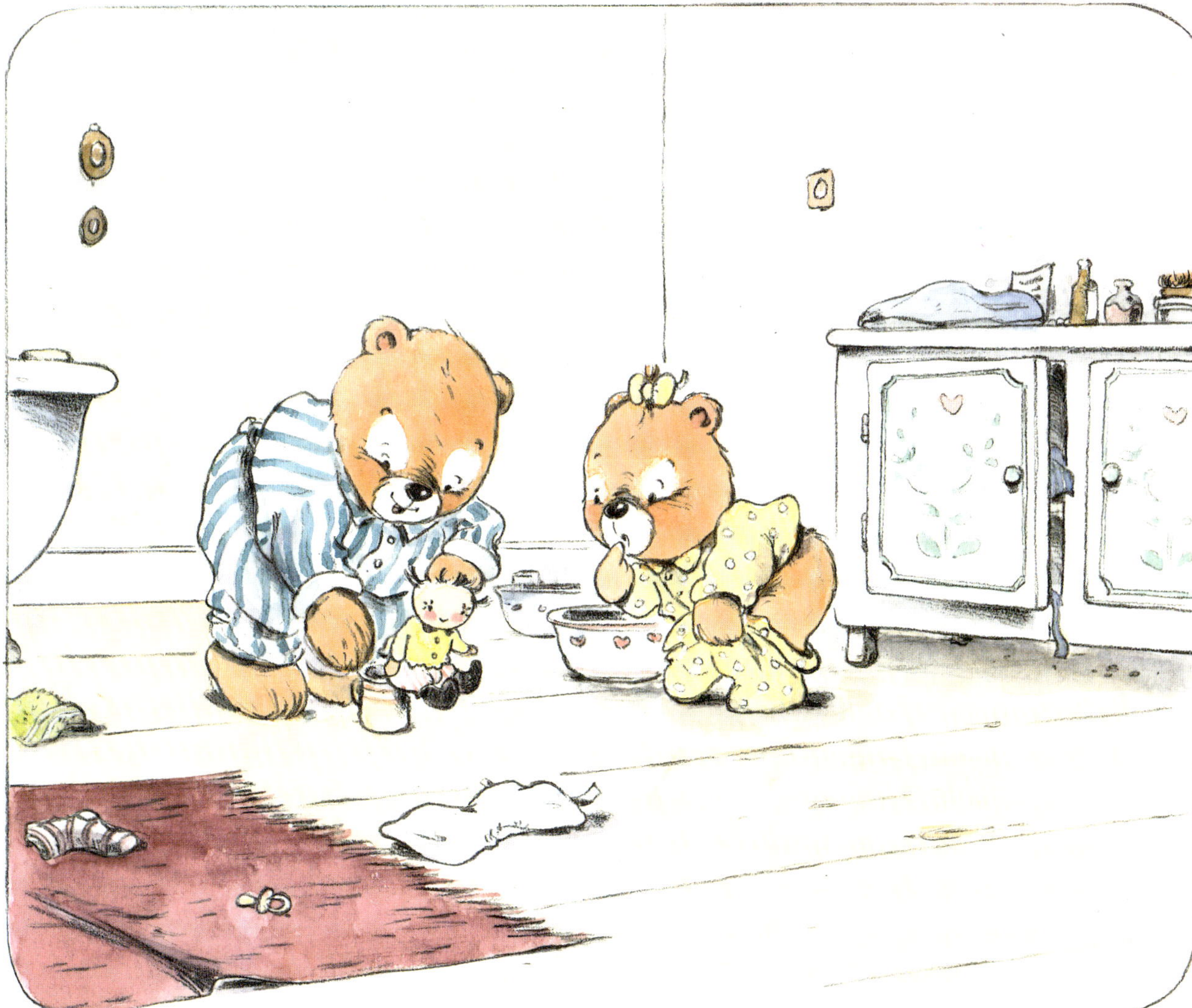

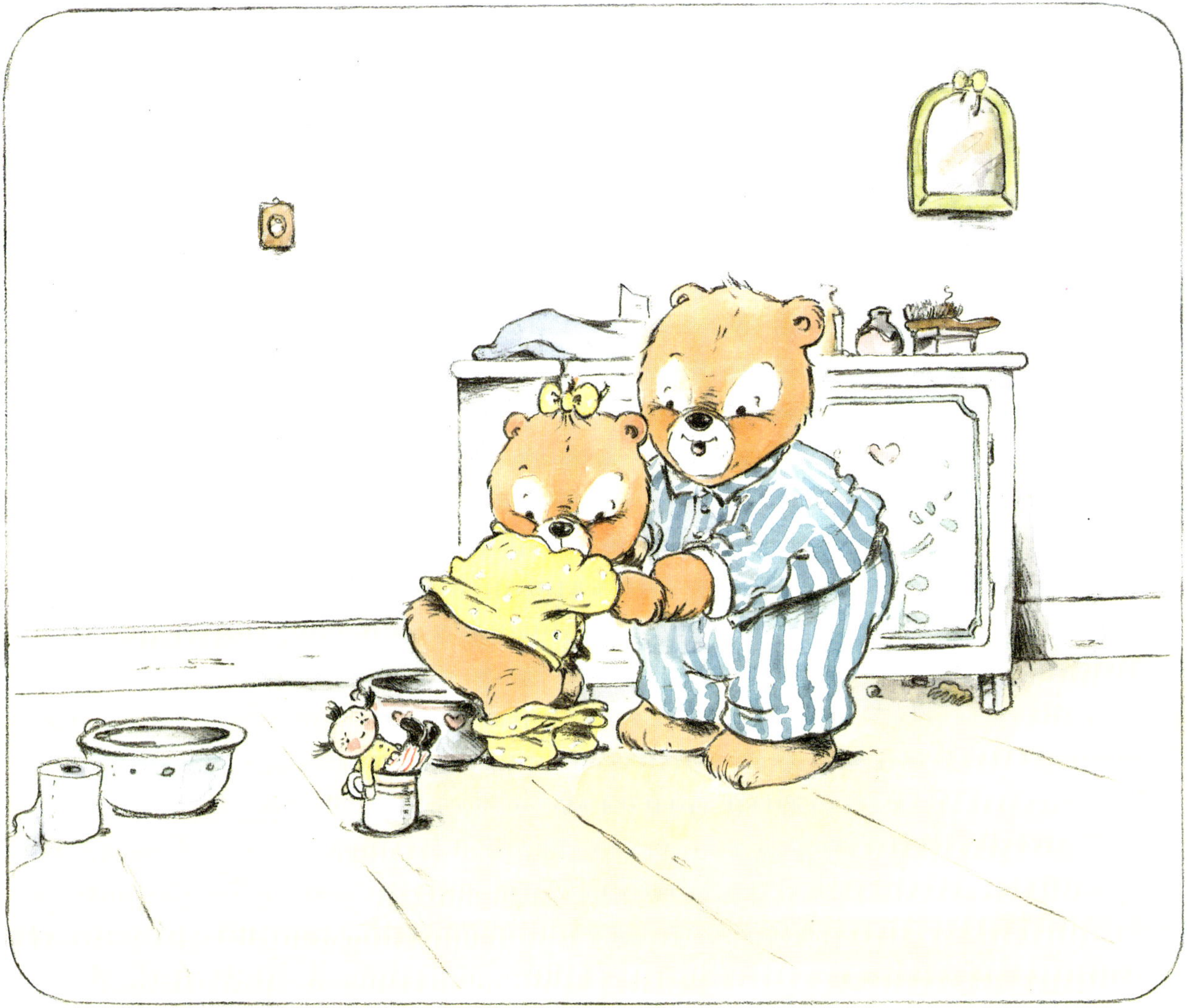

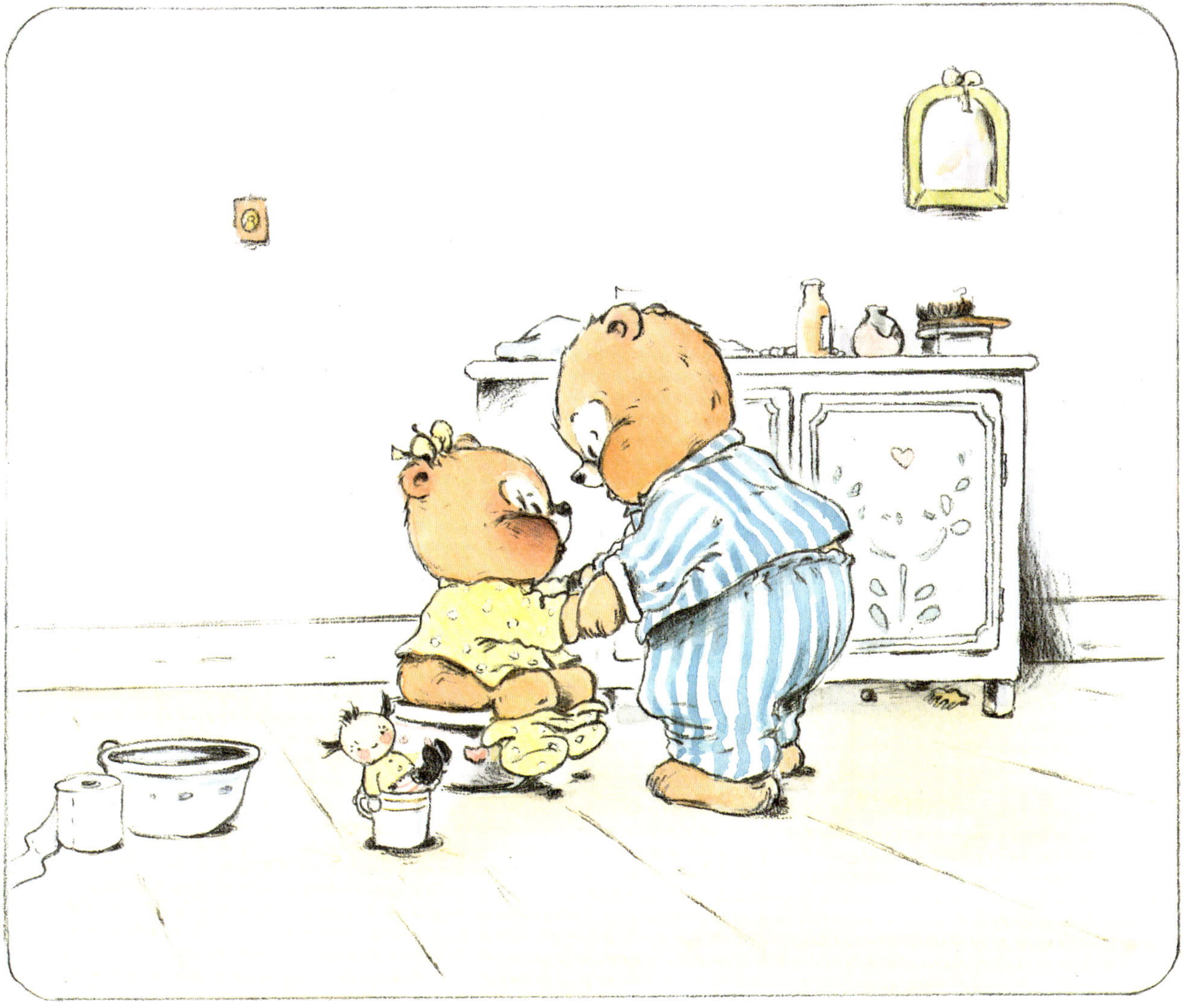

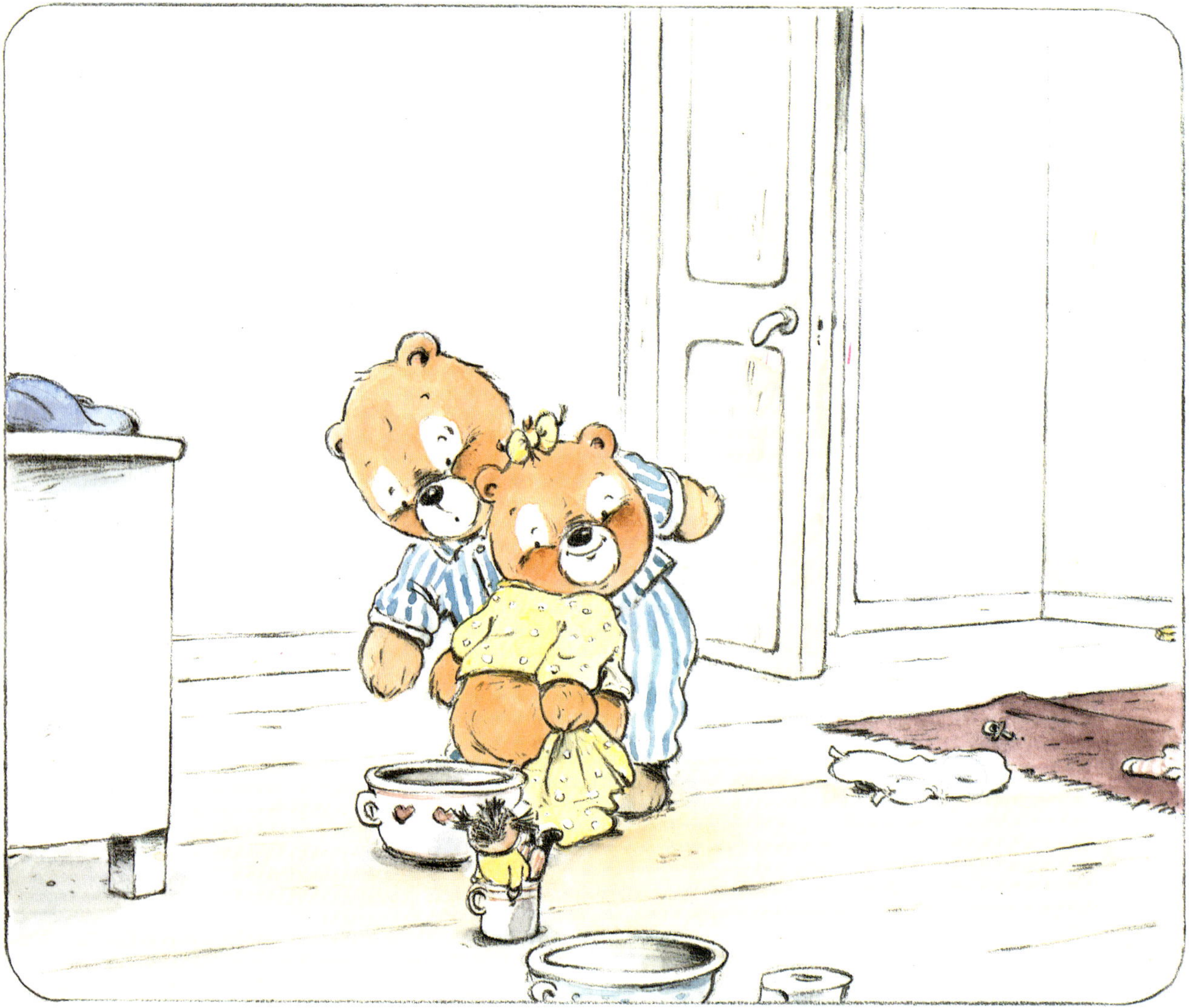

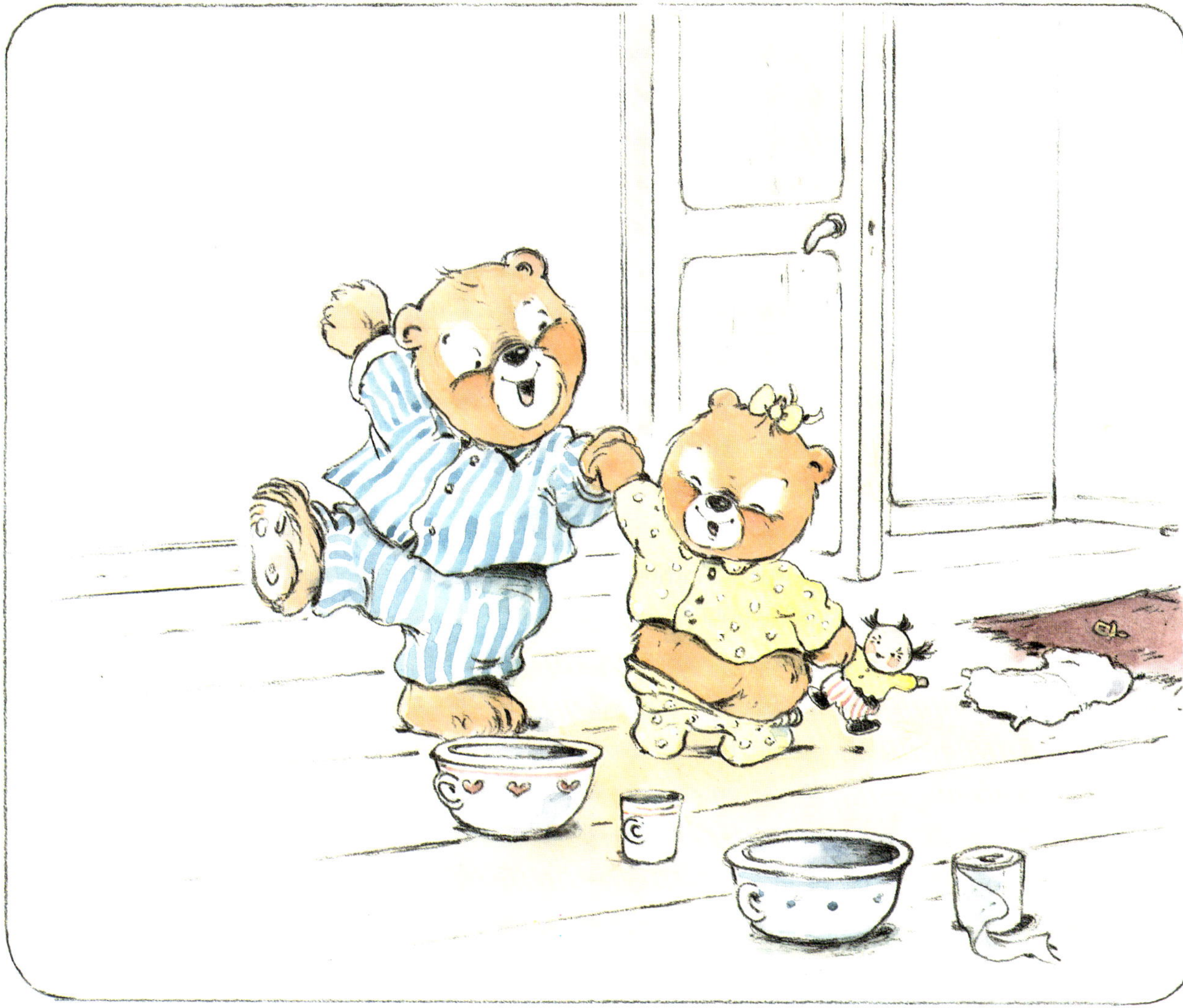

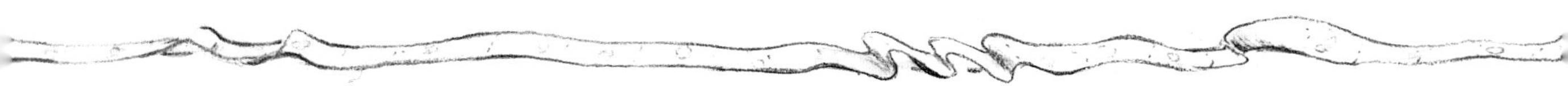